L'AUTEUR
DANS SON MÉNAGE,
COMÉDIE

EN UN ACTE, EN PROSE,

MÊLÉE D'ARIETTES,

Paroles du C. GOSSE; Musique du C. BRUNI:

Représentée pour la première fois sur le théâtre Feydeau, le 8 germinal an sept de la République.

PRIX : UN FRANC.

A PARIS,

Chez { HUET, Libraire, rue Vivienne, N°. 8;
{ CHARON, Libraire, passage Feydeau.

AN VII.

PERSONNAGES.	ACTEURS.
	Les Citoyens
GERALDE.	Rezicourt.
ALEXIS.	Lebrun.
MALNFROI.	Dessaules.
	Les Citoyennes
Mad. GERALDE.	Auvray.
CELESTINE.	Augustine Lesage.

La Scène se passe dans un cabinet.

L'AUTEUR
DANS SON MÉNAGE.

Le Théâtre représente le cabinet de Géralde; sur la gauche est une table, couverte de papiers en désordre; sur la droite, un clavecin; une bibliothèque, dans le fond.

SCÈNE PREMIÈRE.

Mad. GERALDE (*occupée à ranger des papiers*); CELESTINE (*lisant*).

Mad. GÉRALDE.

Qu'as-tu, ma chère Célestine?

CÉLESTINE (*d'un air triste*).

Je n'ai rien, ma mère.

Mad. GÉRALDE.

Reprends donc ta gaîté ordinaire.

CÉLESTINE (*d'un air triste*).

Je suis fort gaie aussi.

Mad. GÉRALDE.

C'est bien assez des ennuis que te donne l'étude.

CELESTINE *(en soupirant)*.

Voici bientôt l'heure, où je vais prendre ma leçon de musique, de dessin, de morale et de philosophie.

Mad. GÉRALDE.

Ton père, mon digne époux, a plus de zèle que d'adresse ; en remplissant ton esprit de tant d'objets, il t'empêche d'en saisir aucun.

CÉLESTINE.

Il est vrai.

Mad. GERALDE.

Impatient, brusque même, quand il compose ; le moindre bruit, dit-il, s'oppose à l'harmonie de ses idées ; ses papiers sont-ils dérangés, sa table est-elle trop éloignée de son feu ; enfin, un rien l'agite.

CÉLESTINE.

Mais un rien l'appaise ; et s'il nous gronde lorsque sa Muse est rétive, de combien de caresses il nous accable, lorsque son Apollon lui sourit !

Mad. GÉRALDE.

Je n'approuve point, cependant, le choix de nos sociétés ; comment, au-lieu de te présenter dans ces compagnies, où tes talens te distingueraient, il nous conduit, sans cesse, au milieu de ses graves amis, parmi des lettrés, des savans même.

CÉLESTINE.

J'aime mieux tout endurer que d'être l'objet de vos querelles.

Mad. GÉRALDE.

Non, je veux lui prouver que la science....

CÉLESTINE.

Est utile.

Mad. GÉRALDE.

Oui; mais, les savans sont fort ennuyeux.

CÉLESTINE (*rougissant et baissant les yeux*).

Il en est d'aimables, maman.

Mad. GÉRALDE.

Des savans aimables, qu'est-ce que cela veut dire?

CÉLESTINE.

Je ne dois rien vous cacher.

Mad. GÉRALDE (*d'un tôn sérieux*).

Parlez, Mademoiselle.

CÉLESTINE.

Il y a quelques jours que j'accompagnai mon père chez son ami Mainfroi....

Mad. GÉRALDE.

Le professeur de mathématiques, ce vieux railleur qui cache sous un air froid le caractère le plus malin.

CÉLESTINE.

Il s'agissait de fixer les changemens des

langues grecque et arabe ; chacun, chargé d'antiques, d'inscriptions, se disposait à discuter avec chaleur et méthode une question aussi utile ; la conversation, grave d'abord, devint tumultueuse ; la gravité m'ennuya ; le bruit me donna de l'humeur ; j'étois mécontente et déplacée ; lorsque mes yeux découvrirent un jeune savant, dont le maintien annonçait un trouble égal au mien ; tout-à-coup sa figure s'anima, ses yeux se fixèrent sur les miens ; et profitant de l'agitation générale, il s'approcha de moi et me dit :

A I R.

Il est moins utile, je pense,
D'être savant, que d'être heureux,
Non, non, jamais pour la science
Je n'oublierai d'aussi beaux yeux.
Près de vous j'aime l'ignorance,
Et je préfère, en vérité,
Aux vains discours de l'éloquence
Les doux regards de la beauté.

Trompé par sa vaine chimère,
Le plus instruit déplaît souvent.
Celui qui sait l'art de vous plaire
Est à mes yeux le plus savant ;
Auprès d'une femme jolie,
Tout est plaisir, tout est bonheur :
J'étudierais toute ma vie
Si vous étiez mon précepteur.

Mad. GÉRALDE.

Cette conversation étoit inconvenante, Mademoiselle ; et votre légèreté a pu seule autoriser un jeune homme à vous parler la première fois,

CÉLESTINE.

Ce n'est pas la première fois que je le voyais ; il m'avait déjà distinguée aux promenades ; et j'ai beaucoup souffert à vous le cacher.

Mad. GÉRALDE.

Je te sais gré de ta confiance ; l'esprit d'une mère de famille n'est pas de s'opposer à l'amour, mais de le diriger vers un but honnête et délicat.

CÉLESTINE.

Ma bonne maman !

Mad. GÉRALDE.

Depuis le lever du jour, ton père se promène dans la grande allée de notre jardin ; en rentrant il va composer.

CÉLESTINE *(gaîment)*.

A son retour, nous descendrons au jardin ; nous nous asseyrons vers le petit treillage. J'ai encore beaucoup de choses à vous dire.

Mad. GÉRALDE.

Sur quoi ?

CÉLESTINE *(vivement)*.

Sur Alexis.

Mad. GÉRALDE.

Il sera maintenant le grand sujet de nos conversations.

CÉLESTINE *(caressant sa mère)*.

Alexis ne me fera point oublier ma bonne maman.

Mad. GÉRALDE *(l'embrassant)*.

Ma chère Célestine ! Je vais voir ce que fait ton père, et s'il va bientôt rentrer.
(Elle sort).

SCÈNE II.

CÉLESTINE.

Comme mon cœur est tranquille ! oh ! que je suis aise, d'avoir pris maman pour ma confidente !

ROMANCE.

O vous qui vous laissez séduire,
Jeunes victimes de l'amour ;
Si vous redoutez le délire
Que nous inspire un doux retour,
Ne craignez point un œil sévère ;
Recherchez plutôt sa rigueur ;
Vous braverez un séducteur,
Vous trouverez paix et bonheur....
En disant tout à votre mère.

Si déjà mon ame s'agite
Au doux souvenir d'Alexis ;
Si mon cœur en secret palpite,
Si tous mes sens sont attendris ;
D'une erreur peut-être trop chère
Je braverai les vains efforts ;
Pour m'épargner de nouveaux torts,
Et trouver bonheur sans remords
Ah ! j'irai tout dire à ma mère.

SCÈNE III.

CELESTINE, Mad. GERALDE.

Mad. GÉRALDE.

Descends au jardin, Célestine; j'ai apperçu de loin ton père; voilà son attitude. (*Elle le contrefait.*) Tantôt il sourit, tantôt il s'agite; il regarde le ciel et l'invoque; tout-à-coup il recule trois pas; il menace la terre, et semble lui dire de s'entr'ouvrir; puis il paraît joyeux: et je ne sais comment nous allons le voir. Il vient.... sauvons-nous.

SCÈNE IV.

Mad. GERALDE, CELESTINE, GERALDE.

GÉRALDE (*se croyant seul, d'un ton animé*).

O mon génie, ne m'abandonne pas !...

Mad. GÉRALDE (*à part*).

Il va se fâcher en me voyant.

CÉLESTINE (*dans un coin du théâtre*).
Je n'ose bouger.

GÉRALDE.

Je vais chanter les charmes de l'union conjugale.

Mad. GÉRALDE *(à part)*.

L'idée est aimable.

CÉLESTINE.

Si je pouvais sortir sans qu'il me vît.

GÉRALDE *(en fureur)*.

Femmes célèbres par vos forfaits, éloignez-vous de ma pensée !

Mad. GÉRALDE *(à part)*.

Voilà du noir.

CÉLESTINE *(tremblante)*.

Je serai grondée.

GÉRALDE.

Vertueuse compagne de Pompée, fidèle épouse d'Ulisse, Andromaque, Mérope, Zelmine, Antigone, que le souvenir de vos vertus échauffe mon imagination !

(Il va se mettre à la table).

TRIO.

CÉLESTINE.

Voilà mon père qui compose,
Je voudrais sortir, mais je n'ose ;
Maman, il a bien du chagrin,
Maman, descendons au jardin.

GÉRALDE *(inspiré)*.

Implacable Médée,
Reprends le chemin des enfers.

Mad. GÉRALDE.

O ciel ! sa tête est égarée,

CÉLESTINE.

O ciel! sa tête est égarée.

GÉRALDE (*à sa fille*).

Antigone, fille adorée,
Tu sers d'exemple à l'univers,
 (*à sa femme*):
Pénélope, épouse aimée,
Que de vertus dans tes revers.

GÉRALDE (*revient à lui, et reconnaît sa femme et sa fille*).

Mais j'apperçois et ma femme et ma fille;
Toutes deux, venez dans mes bras.

Mad. GERALDE, CÉLESTINE.

Quel bonheur! il ne gronde pas.

CELESTINE (*caressant Géralde*).

Vous le savez, mon père;
Vous aimer fait tout mon bonheur;
Auprès de vous, près de ma mère,
Tout remplit, tout charme mon cœur.

GÉRALDE (*les embrassant*).

O ma femme, ô ma fille!
Toutes deux, venez dans mes bras:
Oui, les plaisirs qu'on éprouve en famille
Sont les plus vrais et les plus délicats.
 (*Vivement*).
Mais, respectez le moment du génie;
Sortez, je me sens inspiré
Du démon de la poésie.

Mad. GÉRALDE, CELESTINE.

Sortons, son œil est égaré.

GERALDE.

Sortez, je me sens inspiré.

(*Mad. Géralde et Célestine sortent*).

SCENE V.
GERALDE.

Rappelons nos idées; développons dans mon poëme toutes les vertus dont la femme nous offre le modèle!... (*Il refléchit*) Parée de la couronne nuptiale et plus encore de son innocence, la jeune fille marche à l'autel!... Un regard!.. que la pudeur contient encore, promet le bonheur à son amant. Bientôt... elle est mère!... que de devoirs la nature attend d'elle, elle les remplira tous; des mains mercenaires ne seront point chargées d'un dépôt si précieux! mais.... (*il se balance avec un air gai, animé*) mais, j'entends un refrein joyeux!.... je la vóis près du berceau de son fils!... pendant son sommeil elle le fixe!... à son réveil elle l'embrasse; et son premier sourire l'attendrit et la récompense.... quel moment sublime, quelle douce extase!... écrivons, écrivons: (*il va vivement à sa table*) ô ciel!.... quel désordre!.... mes papiers sont dérangés; je ne retrouve point mes notes!... (*il se met en colère*). Madame Géralde! Madame Géralde!...

SCÈNE VI.
GERALDE, Mad. GERALDE.
Mad. GERALDE.

Que voulez-vous?

GERALDE.

Ce que je veux !... où sont mes notes ?...

Mad. GERALDE.

Vous m'avez dit vous-même de les placer dans votre secrétaire.

GERALDE.

Il est vrai.

Mad. GERALDE *(prenant les notes dans le secrétaire)*

Les voici.

GERALDE,

Mon imagination est frappée ; chaque minute est une perte !...., laissez-moi, Madame Géralde, laissez-moi.

Mad. GERALDE.

Je vous laisse.

GÉRALDE *(courant après elle)*.

Pardonne ma vivacité ; j'avais tort ; ma chère femme.

Mad. GERALDE *(à part)*.

Il est fou !...

(Elle s'éloigne et l'écoute).

GERALDE.

Enfin, me voilà seul !... je pourrai composer à mon aise. *(Il cherche)*. Je disais que la femme près du berceau de son fils versait des larmes d'attendrissement !.... d'attendrissement !...

(Il se gratte le front, et compose).

Ne blâme plus notre amour pour les belles !...

Mes pensées se troublent, je ne saurais trouver un hémistiche !.... c'est ma femme qui en est la cause !.... que le diable l'emporte.

Mad. GERALDE.

Je vous remercie.

(*Elle apperçoit Mainfroi*).

Mais voici votre ami Mainfroi.

GERALDE (*qui n'a point entendu*).

De l'homme heureux....

Mad. GERALDE.

Voici votre ami Mainfroi.

(*Elle sort*).

GERALDE (*à part*).

On vient encore me déranger !....

SCÈNE VII.

GERALDE (*composant*), MAINFROI.

MAINFROI.

Bonjour, Géralde.

GÉRALDE.

Bonjour. (*A part.*) J'étais en verve....
Notre amour pour les belles....
Mainfroi, que me veux-tu ?

MAINFROI.

Je viens te communiquer une importante affaire.

GÉRALDE.

Quelque nouveau problême, sans-doute.

MAINFROI.

J'en ai un très-difficile à résoudre.

GÉRALDE.

Lequel ?

MAINFROI.

Le cœur de mon neveu.

GÉRALDE.

Comment ?

MAINFROI.

Il est très-amoureux.

GÉRALDE.

Ah, ah !

MAINFROI.

Et cet amour le tourmente.

GÉRALDE.

Il aime une coquette, sans-doute.

MAINFROI.

Vous ne savez pas à qui vous insultez. Celle qu'il aime est belle, vertueuse; mais elle a un très-grand défaut.

GÉRALDE.

Quel défaut?

MAINFROI.

Elle aime la poésie; mon neveu ne peut lui plaire que par l'harmonie de ses hémistiches.

GERALDE.

Pourquoi blâmer un goût aussi délicat?

MAINFROI.

Mon neveu ne saurait y répondre; loin de toucher son cœur par des paroles inutiles, il ne connaît que l'art de les épargner par des signes algébriques.

GERALDE.

Joli talent pour gagner le cœur d'une belle.

MAINFROI.

Aussi suis-je fort embarrassé.

GERALDE.

Je le crois.

MAINFROI.

Et je venais te prier....

GERALDE.

Expliquez-vous.

MAINFROI.

De protéger l'amour de mon neveu, de lui composer quelque strophe amoureuse.

GERALDE.

Je n'en ferai rien.

MAINFROI.

Tu me refuses.

GERALDE.

Vingt fois vous m'avez traité de fou; la poësie est une chimère, disiez-vous.

MAINFROI (*le priant*).

Mon ami...

GÉRALDE.

Non, non.

MAINFROI.

Obligez-moi.

GÉRALDE.

Prières inutiles !

MAINFROI.

Le bonheur de mon neveu en dépend.

GÉRALDE.

Son bonheur !...

MAINFROI.

Sans doute.

GÉRALDE.

Voilà une raison.

MAINFROI (*à part*).

Il est pris.

GÉRALDE.

Envoyez-moi votre neveu ; qu'il me fasse le portrait de sa belle ; et je réponds que mes vers le séduiront. Et quand, grâce à ma Muse, vous serez tous heureux, prosternés au pied du Parnasse, vous ne comparerez plus les mathématiciens aux poëtes ; les mathématiciens !... (*Il rit*). Vous marcherez sur des routes inconnues ; les calculs de la raison valent-ils donc les élans du génie ?

MAINFROI.

Non, certainement.

GÉRALDE.

La moindre intrigue vous embarrasse; si vous aviez à combattre l'avarice d'un tuteur, les refus d'un père, les soupçons d'un jaloux.....

MAINFROI.

Je n'oserais le tenter : un mathématicien lutter contre un poëte ?

GÉRALDE (*avec enthousiasme*).

La poësie nourrit l'ame, l'élève, l'embrâse; et ce n'est qu'au sein des arts, que l'on peut oublier la méchanceté des hommes, et l'inconstance des femmes.

MAINFROI.

C'est pour cela, que les poëtes sont heureux et raisonnables.

GÉRALDE.

Vous raillez; mais l'envie vous dévore!... que pouvez-vous comparer aux succès du génie? quelles mains plus utiles que celles qui nous retracent les crimes punis, les vertus récompensées? quel triomphe plus beau que celui du poëte; par-tout sa voix terrible est l'effroi du méchant et l'espérance de l'opprimé; le burin de Clio, la lyre de Pindare, le masque de Thalie, le poignard de Melpomène; tout sert également à sa gloire; ses travaux sont pénibles, le terme de l'espérance est éloigné; j'en conviens : mais que de récompenses sublimes l'attendent et le consolent à-la-fois; au théâtre, par exemple, combien le succès doit élever son ame !... voyez dans nos spectacles cette beauté sensible, dont l'air est si attentif; ses yeux sont remplis de larmes; sa respiration est suffoquée; voyez le mouvement pressé de sa poitrine; elle se trouve mal!.. et quelle est la cause de cette douleur délicieuse; c'est cet homme qui, renfermé dans son cabinet, marchant comme un égaré, a tracé ses nouvelles combinaisons dramatiques, et dont les compositions sombres et pathétiques commandent à-la-fois l'attention et l'attendrissement.

MAINFROI.

Fort bien.

GÉRALDE.

La pièce finit; entendez-vous ces trépignemens, ces battemens de main, ces cris confus et redoublés: l'auteur? l'auteur?... il paraît, il s'avance d'un air modeste; n'importe son costume, il est toujours beau: les cris redoublent; le bruit augmente; et sa tête se baisse au milieu des applaudissemens : dites-moi si tous les mathématiciens de la terre occasionneraient ensemble un tapage aussi délicieux.

MAINFROI.

Pauvre fou, votre enthousiasme est sublime; mais il est facile de le détruire; et je vais opposer au moment du succès le moment de la chûte; déjà quelques murmures ont annoncé l'orage; un mot, un seul mot réveille la critique; voyez-vous ce grouppe bâillant; cet autre, s'agitant en mille façons diverses : jetez les yeux dans cette loge; voyez cette beauté délicate; pour chasser l'ennui qui l'assiège, elle respire des odeurs; ici, les amis de l'auteur se désespèrent; là, ses rivaux se réjouissent ; le souffleur s'embarrasse ; l'auteur s'inquiète ; chacun tremble : le dénouement arrive ; nouveau mécontentement ; le bruit redouble ; la toile tombe enfin : quels sons aigus ont déchiré mon oreille ! entendez-vous les cris de la colère, le rire du mépris, plus insultant encore : à bas l'auteur !... à bas l'auteur !... et dites-moi si tous les mathématiciens de la terre occasionneraient ensemble un tapage aussi désagréable.

GÉRALDE.

La chûte !.... les sifflets !... ils n'ont que cela à dire.

MAINFROI.

Revenons à mon neveu ; il soupire, il m'attend ; et je vais lui annoncer....

GÉRALDE.

Que je le mets sous la protection de ma Muse.

MAINFROI (*d'un ton railleur*).

Et tu crois que sa jeune amante sera attendrie par le charme de ta poësie.

GÉRALDE.

Vous en doutez, peut-être.

MAINFROI.

Quel triomphe pour toi, quel bonheur pour mon neveu ! oh, pour le coup, si tu réussis, je ne raille plus ; et je reconnais l'utilité de la poësie. (*à part*) Je l'attends au dénouement. Adieu, mon neveu va venir, songe à tenir ta parole.

GÉRALDE.

Je l'attends.

(*Mainfroi sort*).

SCÈNE VIII.

GÉRALDE.

Ces génies étroits ne sentent rien.... c'est parce que la carrière est dangereuse, qu'elle est encore plus honorable.... la chûte !.. les sifflets ! tout cela est fort désagréable ; mais enfin, on ne tombe pas toujours.

COUPLETS.

Je connois plus d'un auteur
Qu'une chûte désespère ;
Moi, je dis, dans ce malheur,
J'ai mal fait, je dois mieux faire.
Si je viens de m'égarer,
Une autre Muse m'inspire ;
Je n'ai su faire pleurer,
Et je cherche à faire rire.
Ainsi, l'amant rebuté
Abandonne les cruelles ;
Pour trouver la volupté,
Il s'adresse à d'autres belles ?

Si quelque railleur malin
Fait tomber ma comédie,
Je ferai le lendemain
Une grande tragédie.
S'il osait encòr dormir,
S'il se montrait difficile,
Je ferai pour l'attendrir
Un aimable vaudeville ;
Et si l'on applaudit peu
Aux grands efforts de ma rime,
Je mets le théâtre en feu,
Et le diable en pantomime.

Voici l'heure des leçons de Célestine ; *(avec sen-*

sibilité) : Un père ne peut mieux commencer sa journée que par l'éducation de ses enfans. Que ce soit votre prière du matin, ô vous qui voyez grandir auprès de vous ces jeunes arbustes; songez que le bonheur est sous leur ombrage; c'est en nourrissant la sève de leur vertu, que votre vieillesse sera heureuse et respectée. J'entends ma fille.

SCÈNE IX.

GERALDE, CELESTINE, (*portant un gros livre, des dessins et de la musique*).

GERALDE (*à part*).

Qu'ELLE est jolie! Approche, ma chère Célestine; embrasse ton père. (*Célestine l'embrasse.*) Tu m'as promis d'étudier.

CELESTINE (*à part*).

Il va bien me gronder.

GERALDE (*gravement*).

Je vous ai recommandé le chapitre douzième de mon livre élémentaire, ce chapitre important qui traite de la morale, de la philosophie, et qui m'a coûté tant de veilles.

CELESTINE (*à part*).

Il m'en a coûté bien davantage.

GERALDE.

Qu'est-ce que la morale?

CELESTINE.

La morale est l'art.... je ne m'en souviens plus.

GERALDE.

Comment ! vous ne vous souvenez pas de ma morale.

CELESTINE.

Ah, mon dieu !

GERALDE.

Est-il possible, mademoiselle, que vous soyez d'une telle inattention.

CELESTINE.

Ne vous fâchez pas.

GERALDE (*ouvrant son livre*).

Lisez, mademoiselle, lisez.

CELESTINE *ouvre le gros livre en tremblant.*

La morale est l'art de distinguer le vice, et de suivre la vertu et....

GERALDE.

Et la philosophie?

CELESTINE.

La philosophie est l'amour de la sagesse; elle nous rend indulgens pour les autres, et sévères pour nous-mêmes; elle nous apprend à supporter l'adversité sans bassesse, l'opulence sans orgueil; elle nous fait rire des folies humaines; et par elle, l'homme est plus heureux parce qu'il devient meilleur.

GERALDE.

Quels sont les devoirs des femmes?

CELESTINE.

La constance et la pudeur.

GERALDE.

Les obligations des mères?

CELESTINE.

La surveillance et la bonté.

GERALDE.

Avez-vous composé vos dessins?

CELESTINE.

En voici de nouveaux.

GERALDE (*examinant les dessins*).

Venez me les expliquer.

CELESTINE.

L'épouse élève vers son père le tendre fruit de son hymen ; elle se plaît à opposer aux cheveux blancs de son vieillard chéri, la tête blonde de son jeune fils. Tandis qu'elle prouve ainsi son respect filial, son œil fixé sur son époux, sa main étroitement serrée dans la sienne, prouvent l'amour.....

GERALDE (*gravement*).

L'amour.

CELESTINE.

L'attachement qu'elle a pour son époux.

GERALDE (*à part*).

L'amour, voilà la première fois que ce mot lui échappe.

CELESTINE (*à part*).

Il va se fâcher.

GERALDE.

En observant avec attention votre dessin, mademoiselle, je vois que la jeune épouse paraît oublier son père. Vous avez tout sacrifié à l'hymen.

CELESTINE.

Mon exécution a donc trahi ma pensée. Je desirais que son émotion parût partagée. Remarquez combien je me suis attachée à rendre le vieillard respectable.

GERALDE.

Il est vrai.

CELESTINE.

J'ai toujours blâmé ces lourdes compositions, compositions, où, pour arracher le sourire, on blesse les égards que l'on doit à la vieillesse.

GERALDE.

Passons à votre leçon de musique. Chantez-moi l'air que vous avez choisi.

(*Il se met au clavecin.*)

Mais point de romance langoureuse.

CELESTINE (*choisissant un morceau de musique*).

Ce morceau est assez gai, je l'ai distingué.

RONDEAU.

Dieu favorable aux dames,
Dieu fripon, dieu malin,
Tu subjugues nos ames,
Tu fixes le destin ;
La paix, comme la guerre,
Tout embellit ta cour ;

Les tyrans de la terre
Sont esclaves d'amour.

Par toi l'ame attendrie
Brave tous les malheurs ;
Le chemin de la vie
Est parsemé de fleurs.
Tu conduis la jeunesse
Sur l'aîle du desir ;
Tu charmes la vieillesse
Par un doux souvenir :
La paix, comme la guerre,
Tout embellit ta cour,
Les tyrans de la terre
Sont esclaves d'amour.

GÉRALDE (*en colére*).

Sont esclaves d'amour. Pourquoi avez-vous choisi ces paroles ?

CÉLESTINE.

La musique m'a paru jolie.

GÉRALDE.

Elle est maussade ; et je vous défends de la répéter.

CÉLESTINE.

Quel sujet avez-vous pour me gronder ?

GÉRALDE (*à part*).

Il serait dangereux de m'expliquer.

CÉLESTINE.

Comment ai-je pu vous déplaire ?

GÉRALDE.

Ne m'interrogez pas ; retournez à l'étude ; réfléchissez sur vos cours de morale, de philosophie ; étudiez mon livre élémentaire ; et surtout, que l'hymen n'entre plus dans la composition de vos dessins; une petite fille ne doit point inventer de semblables tableaux.

CÉLESTINE (*en pleurant*).

Une petite fille ! ah, pauvre Alexis.

(*Elle sort*).

SCÈNE X.

GÉRALDE.

Quelle expression elle avait mise dans son dessin ! que les regards de cette jeune épouse étaient ardens ! comme elle prononçait ce mot... amour !... mais ne blâmons point cette sensibilité, c'est la première vertu des femmes. O sexe aimable et chéri, c'est de toi que ma Muse doit s'occuper ; (*il court à la table*) mon esprit est plein de tes graces, de tes vertus.

(*Il compose*).

Ne blâmez plus notre amour pour les belles,
Froids orateurs, soyez reconnaissans !....

(*Il cherche*).

Vos premiers cris furent calmés par elle ;
Et les héros !.. et les héros ont été des enfans.

(*Il déclame le quatrain*).

Fort bien ! la chûte est admirable.

Pour adoucir les horreurs de la guerre,
Le ciel mit dans nos cœurs l'amour et les desirs ;
Ainsi la femme est un dieu....

SCÈNE XI.

GERALDE, Mad. GERALDE.

Mad. GERALDE.

On vous demande.

GERALDE *(brusquement)*.

Laissez-moi.

(Il écrit).

Pour adoucir les horreurs de la guerre,
Le ciel mit dans nos cœurs l'amour et les desirs;
Ainsi la femme est un dieu. ...

Mad. GERALDE.

M'avez-vous entendue ?

GERALDE *(cherchant ses vers)*.

Ainsi la femme est un dieu....

Mad. GERALDE.

Répondez.

GERALDE *(en colère)*.

Au diable !

Ainsi la femme est un dieu.....

Mad. GERALDE.

Un jeune homme vous demande.

GERALDE *(vivement)*.

Tant pis pour lui.

Mad. GERALDE.

Ecoutez-moi.

GERALDE *(en colère et vivement)*.

Ne parlez pas ; vous allez détruire mon enthousiasme ; je compose ; je chante les douceurs de l'hymenée ; et je vous prie, ma chère femme, de ne pas m'impatienter.

Mad. GERALDE.

Quelle tête!

GERALDE.

Ne m'échauffez pas les oreilles. Oh! mon dieu, vous êtes cause que mon vers s'est échappé ; que disait-il, mon vers, vous en rappelez-vous ?

Mad. GERALDE.

Non, sans-doute.

GERALDE.

Je disais....

Mad. GERALDE.

Vous disiez qu'il faut m'entendre.

GERALDE.

Oh ! qu'une femme est insupportable !

Mad. GERALDE

Ce n'est point là votre vers.

GÉRALDE.

Silence, le voici.

(Il déclame).

Pour appaiser les horreurs de la guerre,
Le ciel mit dans nos cœurs l'amour et les desirs ;
Ainsi la femme est un dieu sur le terre ;
Elle calme nos maux et double nos plaisirs.

Comment les trouvez-vous ?

Mad. GERALDE.

Mauvais.

GERALDE.

Mauvais ?

Mad. GERALDE.

Sans-doute ; ne vantez pas les femmes étrangères ; et soyez plus honnête envers la vôtre.

GERALDE (*en colère*).

Madame Géralde, vous me poussez à bout ; vous me devenez insupportable !...

Mad. GERALDE.

Vous l'êtes bien davantage.

GERALDE.

Je prendrai mon parti.

Mad. GERALDE.

Quel parti?

GERALDE.

Vous me troublez sans cesse ; vous tuez mon talent ; et vous me forcerez enfin. ...

Mad. GERALDE.

A quoi?

GERALDE.

A divorcer, Madame Géralde, à divorcer.
(*Il compose*).
L'hymen fut inventé pour charmer l'existence.

Mad. GERALDE (*vivement*).

Que penserait-on de vous si l'on était

témoin d'une semblable scène ; eh quoi ? dirait-on, celui qui paraît si reconnaissant envers les mères, si tendre envers les épouses, il maltraite sa compagne : votre conduite sera la critique de votre ouvrage ; pour qu'on vous croye, messieurs les écrivains, il faut que vos actions soient semblables à vos écrits.

GÉRALDE (*à part*).

Elle a raison, je crois, ma femme.

Mad. GERALDE.

Le mot affreux que vous avez prononcé ne m'est pas échappé ; et quoique rassurée par l'amitié que vous portez à votre Célestine, je ne peux m'empêcher de pleurer en me le rappelant.

GERALDE (*confus*).

Qu'ai-je dit ?

Mad. GÉRALDE.

Vous avez parlé de divorce !

GERALDE.

De divorce !... j'ai prononcé ce mot affreux ; ah ! pardon, ma chère femme ; et c'est ma misérable vanité qui me l'a arraché. Ah ! pardonne-moi ; que le diable emporte mes vers ; ceux-ci ne verront pas le jour, puisqu'ils t'ont chagrinée.

(*Il déchire ses vers, et embrasse sa femme*).

Mad. GERALDE.

C'en est assez, mon ami ; tout est oublié.

GERALDE (*ému*).

Je n'entends point que mon talent pour la poësie trouble la paix de mon ménage ; si tu l'exiges, je vais déchirer devant toi toutes mes productions ; je te sacrifierai jusqu'à mon poëme en dix-huit chants.

Mad. GÉRALDE.

Calme-toi.

GERALDE.

Tu n'as qu'à dire un mot, la postérité ne le verra point.

Mad. GERALDE.

Laissons cela ; écoute-moi ; je venais t'annoncer que le neveu de ton ami Mainfroi demande à te parler, et qu'il attend depuis long-temps.

GERALDE.

Fais-le entrer, ma bonne amie.

Mad. GÉRALDE.

Je vais l'introduire.

(*Elle va sortir*).

GERALDE (*la remenant, ému*).

Veux-tu que je déchire mon poëme, et que je renonce au Parnasse pour la vie.

Mad. GÉRALDE.

Non, mon ami ; que la littérature charme tes loisirs ; mais n'imite pas la folie commune, et qu'un délassement n'empoisonne point ta vie.

(*Elle sort*).

GÉRALDE.

Bonne, excellente épouse...

Mad. GÉRALDE.

Allons, mon ami, faisons la paix.
(*Ils s'embrassent*).

GERALDE (*seul*).

Oh, c'en est fait, je dois renoncer à la poësie, cela me rend d'une humeur insupportable ; cependant j'avais bien commencé mon poëme sur les femmes ; je suis fâché de l'avoir déchiré ; il me vient encore une bonne idée.

(*Il se met à écrire*).

SCENE XII.

GERALDE, ALEXIS.

ALEXIS.

Je vous prie d'excuser la liberté.... je vous dérange ; vous paraissez profondément occupé.

GÉRALDE.

Restez, je vous attendais.

ALEXIS.

Mon oncle vous a prévenu sur ma situation.

C

GERALDE.

Oui, vous êtes amoureux ; votre jeune amante aime la poësie.

ALEXIS.

Pour lui plaire, je voudrais lui adresser des vers dictés par mes sentimens, mais embellis par votre plume aimable.

GERALDE.

Quels sont les parens de cette demoiselle ?

ALEXIS.

Je l'ignore ; je sais seulement, et mon oncle me l'a dit, son père est rempli d'esprit et de talent ; lui-même a fait l'éducation de sa fille.

GERALDE.

Vous approuvez ce soin.

ALEXIS.

Je l'admire.

GERALDE.

Eh bien ! il faut en parler dans nos vers ; on excite l'amour d'une demoiselle délicate, lorsqu'on sait apprécier les vertus de son père.

ALEXIS.

C'est ainsi qu'elle pense, sans doute.

GÉRALDE.

Demeurez, je me sens inspiré.

(*Il écrit.*)

ALEXIS.

Je me retire.

GÉRALDE.

Non, demeurez.

ALEXIS.

Attendez !.... je suis en verve. Ne m'interrompez pas.

AIR.

Pour plaire à l'objet qui m'enflâme,
Et dont j'attends un doux retour,
Grand dieu, fais passer dans son ame
Et mes desirs, et mon amour;
Remplis son cœur de mon ivresse;
Qu'il partage mon ardeur;
Que l'image de ma maîtresse
L'inspire, et parle à son cœur.

GÉRALDE (*composant*).

Fort bien ; quelle chaleur !
Mes vers parleront à son cœur.

Lisez.

ALEXIS (*après avoir lu avec émotion.*)

L'esprit et le sentiment brillent tour-à-tour dans vos vers.

GÉRALDE.

Les yeux d'un auteur, les yeux d'un amant ont peine à distinguer des défauts.

ALEXIS.

Ils sont charmans.

GÉRALDE.

Ne trouvez-vous pas indiscret que je les communique à mon épouse ? c'est un excellent juge ; jamais je ne compose sans l'avoir consulté.

ALEXIS.

Cela me procurera l'occasion de lui présenter mes devoirs.

GÉRALDE.

Je vais donc l'appeler. Madame Géralde ? madame Géralde ?

SCÈNE XIII.

GERALDE, ALEXIS, Mad. GERALDE, CÉLESTINE.

ALEXIS (*allant au-devant de mad. Géralde*).

Madame.... Ciel, que vois-je, Célestine !

CÉLESTINE (*le reconnaissant*).

Alexis !

ALEXIS (*à part*).

Le cœur me bat.

GERALDE (*bas à Alexis*).

Vous permettrez que ma fille se retire ; je ne veux point qu'elle entende mes vers.

ALEXIS.

Et pourquoi ? (*A part.*) Personne n'en peut mieux juger qu'elle.

GÉRALDE (*bas à sa femme*).

Restez, mais renvoyez Célestine.

Mad. GÉRALDE.

De quoi s'agit-il ?

ALEXIS (*vivement, regardant Célestine*).

D'une déclaration d'amour.

GÉRALDE (*agité, bas à Alexis*).

N'en parlez pas devant cette petite fille : jamais ce mot n'a frappé son oreille.

CÉLESTINE (*vivement*).

Je voudrais bien l'entendre.

GÉRALDE (*à sa femme*).

Ma fille ne se connaît point en vers.

Mad. GÉRALDE.

Pourquoi mépriser son jugement ?

CÉLESTINE.

Vous me traitez comme un enfant. Mais demandez à ma bonne maman. Je raisonne avec elle, et j'ai peur avec vous.

ALEXIS (*bas à Géralde*).

Vos vers ne peuvent inspirer que des sentimens délicats.

GERALDE (*content*).

Il est vrai.

ALEXIS.

Le bon goût les distingue.

GÉRALDE (*à part*).

Ce jeune homme est connaisseur.

CÉLESTINE (*en caressant mad. Géralde*).

Je voudrais bien entendre les vers de mon papa.

Mad. GÉRALDE (*bas à son mari*).

Vous l'humilieriez par un refus.

CÉLESTINE.

Je ne connais que la bonté de votre cœur; que je puisse encore applaudir aux qualités de votre esprit.

GERALDE.

Eh bien, je vais vous les lire.

ALEXIS (*vivement*).

Il s'agit d'un amour pur et délicat.

CÉLESTINE.

Je le crois.

ALEXIS (*vivement, en regardant Célestine*).

L'objet a mille qualités: esprit, graces, talens, modestie; elle réunit tout.

CÉLESTINE (*émue*).

Cela doit être intéressant.

GERALDE.

Silence.

Mad. GERALDE.

Ecoutons.

GERALDE (*déclamant les vers à sa fille*).

Pourquoi cacher le beau feu qui m'anime,
Et me livrer à de cruels efforts,
Lorsque l'amour est le fruit de l'estime,
L'amant doit-il rougir de ses transports?
Loin de vouloir échapper à lui-même,
D'un sot orgueil il doit braver l'erreur
Beauté sensible, apprends donc que je t'aime,
Et d'Alexis décide le bonheur.

CÉLESTINE.

Oh! que ces vers sont jolis.

ALEXIS.

La chûte est admirable.

(*Il déclame en fixant Célestine.*)

Et d'Alexis décide le bonheur.

GÉRALDE.

C'est coulant, c'est naïf.

(Il déclame).

Et d'Alexis décide le bonheur.

(A Madame Géralde)

Qu'en pensez-vous, Madame Géralde ?

Mad. GÉRALDE.

Il sont assez bien.

CÉLESTINE.

Oh papa, c'est votre meilleur ouvrage.

GERALDE.

Ecoutez le second couplet.

ALEXIS *(à Géralde)*.

La modestie vous empêche d'appuyer sur les beaux endroits de votre Ouvrage.

GERALDE *(à part)*.

C'est la vérité.

ALEXIS.

Pour bien exprimer ses vers, il faut avoir mon cœur.

(Il prend la déclaration d'amour des mains de Géralde, et chante en lisant).

AIR.

Un père tendre, à ton enfance,
Forma ton esprit et ton cœur ;

Je lui dois ma reconnaissance;
Lui devrais-je aussi mon bonheur?
Célestine, soit attendrie,
Je t'engage à jamais ma foi;
Ton Alexis chérit la vie,
Pour la passer auprès de toi.

CÉLESTINE (*à part*).

Quel trouble agite tous mes sens;
Papa, vos vers sont excellens.

ALEXIS.

Quel trouble agite tous mes sens;

(*A Géralde*).

Vos vers sont excellens.

GÉRALDE, Madame GERALDE (*à part*).

Oh, c'est charmant!

(*A Alexis*).

Que de feu! que de sentiment!

SCÈNE DERNIÈRE.

GERALDE, ALEXIS, Mad. GERALDE, CELESTINE; MAINFROI (*paraît dans le fond; son geste annonce le plaisir qu'il éprouve, en voyant lire Alexis*).

ALEXIS (*les yeux fixées sur Célestine*).

O toi que j'aime, sois sensible
Aux vœux de mon premier amour;
Que ton ame soit moins paisible,
Et qu'elle éprouve un doux retour.

Célestine !... Célestine.

(Alexis croyant que Géralde ne le voit pas, prend la main de Célestine).

GÉRALDE *(surpris)*.

Célestine !... que dites-vous ;
Quel est donc ce transport bizarre ?

ALEXIS.

Je suis perdu, l'amour m'égare.

(A Géralde.)

Calmez votre courroux.

GÉRALDE *(appercevant Mainfroi, et courant à lui)*.

Approche, explique-moi cet étrange mystère ;
J'ai composé mes vers ; à tous ils ont su plaire.
Célestine est émue ; Alexis enivré ;
Un sentiment nouveau tout-à-coup le domine ;
En déclamant mes vers, il nomme Célestine.
Apprends-moi le secret de son cœur égaré.

MAINFROI *(d'un ton railleur)*.

Tes vers sont composés ; à tous ils ont su plaire.
Célestine est émue ; Alexis entraîné....
Dans leurs yeux tour-à-tour le sentiment pétille ;
Du trouble de leur cœur ne sois point étonné ;
Apprends-donc que ces vers s'adressaient à ta fille.

GÉRALDE.

A ma fille.....

MAINFROI.

A ta fille.

GÉRALDE.

Pour me tromper on s'introduit chez moi.

MAINFROI.

Allons, mon ami, calme-toi ;
Mon Alexis sera de la famille.

GÉRALDE.

Ton neveu m'a trompé.

MAINFROI.

Je suis le seul coupable.
L'amitié rend tout excusable.

CELESTINE (à Géralde, en le caressant).

Ah ! mon père, il n'est point coupable ;
Faites le bonheur de tous deux.

ALEXIS (à mad. Géralde).

Ah ! madame, comblez nos vœux.

Mad. GÉRALDE (à Géralde).

Qu'en pensez-vous ?

GÉRALDE.

On peut attendre.

Mad. GÉRALDE.

Ah !... pourquoi retarder leur bonheur ?

GERALDE *(entraîné par les caresses de sa famille)*.

Soyez unis; soyez mon gendre;
Et sur-tout faites son bonheur.

(A Célestine, en lui présentant Alexis).

Tu vas prendre, ma chère,
Un autre précepteur;
Celui-là sait mieux te plaire.

CÉLESTINE.

Mon livre élémentaire
Est écrit dans son cœur.

CÉLESTINE, ALEXIS.

L'amour qui nous engage
Suffit à tous nos vœux.

MAINFROI.

Tu les rends tous heureux;
C'est ton meilleur ouvrage.

FIN.

A VERSAILLES, DE L'IMPRIMERIE DE LEBLANC.

www.ingramcontent.com/pod-product-compliance
Lightning Source LLC
Chambersburg PA
CBHW070700050426
42451CB00008B/441